CON GRIN SUS CONOCIMIENTOS VALEN MAS

- Publicamos su trabajo académico, tesis y tesina

- Su propio eBook y libro - en todos los comercios importantes del mundo

- Cada venta le sale rentable

Ahora suba en www.GRIN.com
y publique gratis

Bibliographic information published by the German National Library:

The German National Library lists this publication in the National Bibliography; detailed bibliographic data are available on the Internet at http://dnb.dnb.de .

This book is copyright material and must not be copied, reproduced, transferred, distributed, leased, licensed or publicly performed or used in any way except as specifically permitted in writing by the publishers, as allowed under the terms and conditions under which it was purchased or as strictly permitted by applicable copyright law. Any unauthorized distribution or use of this text may be a direct infringement of the author s and publisher s rights and those responsible may be liable in law accordingly.

Imprint:

Copyright © 2016 GRIN Verlag
Print and binding: Books on Demand GmbH, Norderstedt Germany
ISBN: 9783668756540

This book at GRIN:

https://www.grin.com/document/432766

Rodrigo Ríos

La metamorfosis de la acción colectiva

De la relación dialéctica capital/trabajo a la centralidad de la identidad

GRIN Verlag

GRIN - Your knowledge has value

Since its foundation in 1998, GRIN has specialized in publishing academic texts by students, college teachers and other academics as e-book and printed book. The website www.grin.com is an ideal platform for presenting term papers, final papers, scientific essays, dissertations and specialist books.

Visit us on the internet:

http://www.grin.com/

http://www.facebook.com/grincom

http://www.twitter.com/grin_com

UNIVERSIDAD DE LA REPÚBLICA

FACULTAD DE CIENCIAS SOCIALES

CENUR LITORAL NORTE- SEDE SALTO

LICENCIATURA EN CIENCIAS SOCIALES

SEMINARIO IDENTIDAD, ACTORES Y ACCION COLECTIVA

TRABAJO FINAL

La metamorfosis de la acción colectiva.

De la relación dialéctica capital/trabajo a la centralidad de la identidad.

Alumno: **Rodrigo Ríos**

La insuficiencia del paradigma clásico que contempló en la posición estructural uno de los factores determinantes de las acciones colectivas y de los actores sociales, ha dado lugar a la emergencia de nuevos marcos analíticos para el estudio de los fenómenos vinculados a la acción colectiva.

En primer lugar, el paradigma clásico anclado en la corriente estructuralista se centró sobre tres aspectos centrales: una unidad o correspondencia entre estructura y actor; el predominio de la estructura sobre el actor, y la existencia de un eje central provistos por las estructuras y los procesos emanados de ellas, que actuaban con principios constitutivos de la acción colectiva y los actores sociales. (Garretón, 2002)

En este sentido, este modelo explicativo se sostuvo sobre la teoría marxista, la cual centró su análisis en los conflictos sociales, exclusivamente en relación con los intereses de clase e identidades de clase. De este modo, la acción colectiva se origina de acuerdo a la lógica de la base económica, mejor entendida como las relaciones de producción capitalistas en las cuales se generan las contradicciones de clase antagónicas.

Sin embargo, en el contexto latinoamericano, este marco interpretativo ha sido blanco de críticas por su reduccionismo vinculado a una explicación economicista de la acción colectiva, dando lugar a la búsqueda de nuevas alternativas para el estudio de dicho fenómeno en cuestión.

De esta manera, la estructuración de la acción colectiva no sólo está ligada a factores como la clase social, sino que además la misma puede surgir a partir de una lógica distinta a la de la estructura económica, en este caso podemos mencionar otros factores, por ejemplo: la política, la cultura, las relaciones étnicas, el género o la relación con la naturaleza. Pero fundamentalmente se estructuran en base a la búsqueda de la identidad. En este sentido, resulta oportuno citar a Boaventura de Sousa Santos (2001) cuando afirma lo siguiente:

"Las nuevas formas de opresión se revelan exclusivamente en los procesos sociales donde se forja la identidad de las víctimas, no hay una reconstitución estructural del grupo y movimiento de emancipación, por lo que el movimiento obrero y la clase obrera no tienen una posición privilegiada en los procesos sociales emancipación"

En virtud de lo mencionado, se puede vislumbrar que no únicamente la relación dialéctica entre capital y trabajo se centra en el marco de las explicaciones vinculadas a la acción colectiva, sino que la identidad es uno de los factores más influyentes en los últimos años.

En esta dirección, el accionalismo sociológico en su análisis se contrapone al estructuralismo, sosteniendo que la realidad social debe ser analizada a partir de las relaciones sociales y no de las estructuras. En el entendido, de que la acción social constituye el elemento vinculado a la producción y reproducción de la sociedad. Así, la acción colectiva se caracteriza por tres elementos fundamentales según Chihu (1999):

1) En los actores sociales considerados la base social de los nuevos movimientos.

2) En el contexto social del cual surgen estos movimientos sociales originados por las modificaciones que ha sufrido la sociedad moderna con respecto al Estado de bienestar.

3) En los objetivos que persiguen, los cuales están orientados en mayor medida menos hacia la obtención de bienes materiales y más hacia las metas culturales.

Con relación al último elemento, Touraine (1997) sostiene la centralidad de la cultura en los conflictos sociales, tal como lo ocuparon la economía en el contexto del florecimiento de la sociedad industrial y el conflicto político durante los primeros siglos de la modernidad.

Por otra parte, Alberto Melucci (1996, citado en Chihu, 1999) construye su análisis a partir de una revisión crítica de las teorías elaboradas en función de la lógica que adquiere la acción colectiva. Este autor sostiene que las teorías en cuestión carecen de la capacidad de explicar los fenómenos de la sociedad contemporánea, y en particular, la acción colectiva.

Se constata que los movimientos sociales han desplazado sus objetivos de lo político hacia las necesidades de autorrealización de los actores en su vida cotidiana, o más precisamente en el mundo de la intersubjetividad.

De este modo, la teoría de los nuevos movimientos sociales se origina como una reacción del mundo académico ante la incapacidad del marxismo clásico para explicar la acción colectiva en el marco de la sociedad contemporánea. Por ejemplo, la irrupción del mayo francés y las protestas estudiantiles del 68, marcaron un punto de inflexión en materia de las limitantes relacionadas a los modelos explicativos de la acción colectiva enmarcados en el marxismo tradicional.

El enfoque de los nuevos movimientos sociales se comienza a consolidar a partir de la década de los años 80, con la aparición de nuevos movimientos sociales que se caracterizan principalmente por su contenido vinculado a la defensa de derechos culturales. Según Touraine (1999), esto implica lo siguiente:

"Significa claramente que los problemas laborales y salariales han perdido relevancia, pero que la formación de nuevos actores, y por consiguiente el renacimiento de la vida pública, pasa a menudo por la reivindicación de una serie de derechos culturales"

Antes de comenzar a caracterizar los nuevos movimientos sociales, creemos conveniente ofrecer una definición de los mismos. Garretón (Op.Cit) define los movimientos sociales como: "acciones colectivas con alguna estabilidad en el tiempo y algún nivel de organización, orientados al cambio o conservación de la sociedad o a alguna esfera de ella".

La idea de movimiento social según Touraine (2006) implica tres principios:

1) el principio de identidad.

2) el principio de oposición.

3) el principio de totalidad.

En primer lugar, el principio de identidad hace referencia a como un actor se define a sí mismo; el principio de oposición o conflicto se refiere a un adversario social, y finalmente, el principio de totalidad se vincula con el campo en común en el cual se desarrollan las acciones del movimiento social.

Los principios enumerados por Touraine tienen una gran relevancia para la categorización, así como para la elaboración de tipologías que permitan captar aquellos elementos que distinguen a los movimientos sociales, teniendo en cuenta sobre todo que las transformaciones que ha implicado la modernidad han implicado la modificación de ciertas prácticas sociales.

Sin embargo, uno de los elementos que adquiere mayor relevancia para caracterizar la acción colectiva en las sociedades contemporáneas, se vincula inextricablemente a la cuestión de la identidad. De esta manera, la identidad implica el auto reconocimiento, así como el heterorreconocimiento. El auto reconocimiento haría referencia a la capacidad de los actores sociales y afirmar su propia continuidad y permanencia, mientras que el heterorreconocimiento se relacionaría con la percepción de los demás agentes externos sobre ese colectivo (Giménez, 1997).

La idea de la distinguibilidad o distinción se centra sobre las posibles configuraciones identitarias de los actores sociales, en este sentido, se puede concebir a la identidad como un elemento vinculado a una habitus determinado, según una visión perteneciente al estructuralismo constructivista. A partir de una identidad particular, los actores sociales clasifican a las cosas, así como también se vuelven clasificables, implica una lógica binaria.

Revilla (2010) sostiene que la acción colectiva es un proceso de construcción de identidades colectivas; los actores, al definir la identidad, se definen a sí mismos y sus relaciones con otros actores de acuerdo con los recursos disponibles y con las oportunidades y restricciones del medio.

La dinámica de transformaciones en torno a la acción colectiva, claramente no se da un vacío, sino que tiene lugar en un contexto histórico, así como geográfico. En nuestro caso nos dedicaremos específicamente al ámbito latinoamericano, tratando de describir y analizar dicha dinámica.

Garretón (Op.Cit) para el caso latinoamericano establece una tipología de estudio para la acción colectiva, señalando la existencia de una matriz clásica, político céntrica o nacional popular, la cual se desarticula un tiempo después con el surgimiento de regímenes de facto en América Latina.

En el periodo 1930-1970 se desarrolla la matriz clásica de la acción colectiva, esta matriz se distingue básicamente por los siguientes aspectos: se presencia una fusión de diferentes procesos, entre ellos: el desarrollo, la modernización, integración social y autonomía nacional.

En esta matriz existieron movimientos sociales que se caracterizaron principalmente por su bajo grado de autonomía, debido a la fusión que existía entre el Estado, los partidos políticos y los actores sociales. En este caso, uno de los movimientos sociales de orden tradicional y que claramente se lo puede imponer a esta matriz, es el movimiento sindical.

Más tarde, en los años 80 se comienza a apreciar una desarticulación de esta matriz nacional popular, esto sin lugar a dudas implico consecuencias para los actores sociales, así como para la acción colectiva. De este modo durante un período vinculado a la represión más intensa por parte de los regímenes autoritarios, la orientación de las acciones colectivas estuvo principalmente vinculada a temas no de carácter económico o vinculados principalmente a la relación dialéctica entre capital y trabajo, sino que, en cambio, se ligaron a la defensa de los derechos, y en este caso fundamentalmente aquellos vinculados a los derechos humanos.

Se debe tener en cuenta de que la desarticulación de la matriz nacional popular, se profundizó en un contexto de crisis del modelo de industrialización por sustitución de importaciones, en el cual la fusión de actores sociales, entre ellos los que ya hemos mencionado como por ejemplo el Estado, los partidos políticos y el sindicato como un movimiento social tradicional por excelencia en la región latinoamericana, implico que los fines o las metas perseguidas por estos colectivos fueran adquiriendo matices en cuanto a los factores determinantes de la acción colectiva.

La ruptura de un tipo societal vinculado a la sociedad industrial, da lugar a la emergencia de la sociedad postindustrial globalizada en la cual el consumo, la información y el conocimiento adquieren un papel relevante en la vida cotidiana y en las prácticas sociales. (Garretón, 2000)

Por otra parte, Mirza (2006) propone caracterizar a los movimientos sociales mediante la autonomía, tomando este elemento como principal para la elaboración de tipologías que permitan comparar dichas acciones colectivas en la región latinoamericana. Establece como tesis que aquellos movimientos sociales que tienen una mayor autonomía del sistema político habilita los mismos a generar, producir y ofrecer alternas vías de construcción democrática sobre nuevas bases.

En este sentido, se puede caracterizar a los movimientos sociales tradicionales como reflejo dependiente, ya que el bajo grado de autonomía que tenían los mismos se encontró íntimamente vinculado para definir las estrategias de lucha. La dependencia de los partidos políticos, tuvieron una gran influencia en la definición de estrategias, así como el logro de las metas de dichos colectivos sociales.

Por otra parte, con la restauración democrática, la instauración de gobiernos de corte neoliberal y la despolitización de la sociedad sobre la última década del siglo XX, la acción colectiva experimentó grandes transformaciones. En este caso, las estrategias de acción de los nuevos movimientos sociales se ejecutan o se llevan a cabo al margen de los canales formales de participación institucionalizados. De esta manera, el Estado como principal receptor de las demandas sociales pierde protagonismo, dando lugar a la predominancia del rol de la sociedad civil.

Según la tipología de Mirza (Op.Cit) a propósito de la autonomía de los movimientos sociales, los mismos se caracterizan por tener un grado mayor de autonomía, pudiendo ser caracterizados como movimientos sociales moderadamente autónomos o movimientos sociales radicalmente autónomos.

En este sentido, podemos afirmar que los movimientos sociales tradicionales se caracterizaron por un menor de grado de autonomía dado la fusión existente entre los mismos, el estado y los partidos políticos; sin embargo, la aparición de nuevos movimientos sociales los cuales basan sus demandas en función de la identidad y la cultura, ha dado lugar a una acción colectiva de carácter más autónomo, centrada en el plano de la sociedad civil.

Movimientos Sociales Tradicionales	Nuevos Movimientos Sociales
Orientados a cuestiones vinculadas a la relación dialéctica capital/trabajo	Orientados a la búsqueda de la identidad en el contexto del conflicto cultural.
Acción colectiva enmarcada en la fusión entre los mismos, el Estado y los partidos políticos, en un contexto de industrialización en América Latina.	Acción colectiva enmarcada en el contexto neoliberal, caracterizado por un debilitamiento de los ámbitos formales de participación.
Centralidad de la clase social e identidad de clase.	La acción colectiva puede surgir a partir de una lógica diferente a la económica, por ejemplo: la política, el género, la etnia o las relaciones con el medio ambiente.
Teoría marxista sostén de las explicaciones de este tipo de acción colectiva	La acción social se centra el análisis como factor determinante de la producción y reproducción de la sociedad.

Centralidad del Estado en función de las demandas de los movimientos sociales. Bajo grado de autonomía.	Centralidad del rol de la sociedad civil. Mayor autonomía de los movimientos sociales.

Fuente: Elaboración propia

En base al cuadro anterior, se reflejan grandes diferencias en torno a la acción colectiva y sus rasgos característicos; pero, sin lugar a dudas, queda claro la emergencia de nuevas formas de acción colectiva representadas en el ámbito de los nuevos movimientos sociales.

Desde esta perspectiva, se puede apreciar la puesta en escena de nuevos movimientos sociales vinculados directamente a la cultura, por ejemplo: el movimiento homosexual, el movimiento feminista, los ecologistas, así como también en el contexto latinoamericano, los movimientos de campesinos e indígenas.

Estos nuevos movimientos sociales, condensan sus demandas en nuevos ejes de la acción colectiva, entre ellos: la democratización política y social, la lucha contra la exclusión y por la ciudadanía. (Garreton, 2002)

En síntesis, la acción colectiva ha mutado en el contexto latinoamericano hacia formas que se relacionan directamente con la identidad, enmarcadas en un contexto de globalización y modernidad, que acentúa el papel de los conflictos culturales. No creemos que las formas tradicionales de acción colectiva hayan desaparecido, sino que en la actualidad el marco analítico tradicional basado en el estructuralismo es insuficiente para dar explicación a las nuevas formas de acción colectiva, así como los actores sociales que se han conformado en el último siglo.

Bibliografía

Chihu, A. (1999) "Nuevos movimientos sociales e identidades colectivas" En *Iztapalapa*, (47), 59-70.

Garretón, M. (2002) "La transformación de la acción colectiva en América Latina" En *Revista de la CEPAL*, (76), 7-24.

Garretón, M. (2000) *¿En qué sociedad viviremos? Tipos societales y desarrollo en el cambio de siglo*. Recuperado el 8 de Julio de 2016, de http://www.insumisos.com/lecturasinsumisas/En%20que%20sociedad%20viviremos%20de%20Garreton.pdf

Giménez, G. (1997) "Materiales para una teoría de las identidades sociales" En *Frontera Norte*, 9 (18), 9-28.

Mirza, C. (2006) "Conclusiones finales. Cinco tesis respecto de los movimientos sociales, la democracia y los sistemas políticos" En *Movimientos sociales y sistemas políticos en América Latina*. Buenos Aires: CLACSO.

Sousa Santos, B. (2001) "Los nuevos movimientos sociales" En *OSAL*. 177-184.

Touraine, A. (1997) "Los movimientos sociales" En *¿Podremos vivir juntos? Iguales y diferentes*. México: FCE.

Touraine, A. (1999) ¿Nuevos Movimientos Sociales? En *¿Cómo salir del liberalismo?* México: Editorial Paidós Mexicana.

Touraine (2006) "Los movimientos sociales" En *Revista Colombiana de Sociología*, (27), 255-278.